如诗如画的中国

长沙

段张取艺——著绘

中信出版集团 | 北京

图书在版编目（CIP）数据

如诗如画的中国. 长沙 / 段张取艺著绘. -- 北京：中信出版社, 2025. 7. -- ISBN 978-7-5217-7292-0

Ⅰ. K209；K296.41-49

中国国家版本馆CIP数据核字第2025KW2850号

如诗如画的中国：长沙

著　　绘：段张取艺
出版发行：中信出版集团股份有限公司
　　　　　（北京市朝阳区东三环北路27号嘉铭中心　邮编　100020）
承 印 者：北京中科印刷有限公司

开　　本：889mm×1194mm　1/12　　印　张：$4\frac{1}{3}$　　字　数：71千字
版　　次：2025年7月第1版　　　　　印　次：2025年7月第1次印刷
书　　号：ISBN 978-7-5217-7292-0
定　　价：40.00元

版权所有·侵权必究
如有印刷、装订问题，本公司负责调换。
服务热线：400-600-8099
投稿邮箱：author@citicpub.com

前言

在漫漫历史长河中，并非只有帝王将相的权谋较量，沙场征伐的血色往事，还有一砖一瓦堆砌出的市井烟火，一街一巷铭刻下的历史文化。这，便是我们渴望诉说的故事——以城市为核心，回溯千年历史风华。我们的笔触不停留在庙堂之高，也不局限于沙场之上，本书聚焦于交错纵横的街道、古朴厚重的砖瓦，以及人潮熙攘的市井……

湘江奔腾不息，岳麓山郁郁葱葱。两千多载星移斗转，一座城市就这样在山水之间默默诞生、发展。这里是楚文化的发源地之一，屈原曾在这里吟诵诗歌；马王堆汉墓中出土的素纱禅衣，薄如蝉翼，展现了汉代工匠的高超技艺；盛唐诗篇拂过潭州城楼，杜甫留下"著处繁花务是日，长沙千人万人出"的诗句；南宋时，朱熹、张栻在岳麓书院讲学辩论，湖湘文化走向全国；近代风云变幻之际，"湘江北去，橘子洲头"，正悄然酝酿一场开天辟地的伟大觉醒……

今日，伫立在湘江江畔极目远眺，历史深处的长沙，"屈贾之乡""潇湘洙泗"的风骨从未淡去。它就像岳麓山间的红枫，在时代的风云变幻中，始终燃烧着熊熊火焰，诠释长沙热情、拼搏的精神。

城市的故事如诗，城市的变化如画。每一座城市都是一部活着的史书，与其只让孩子背诵年代事件，不如带他们走进这些城市，感受城墙砖石中的历史温度。让年轻一代懂得欣赏飞檐翘角的曲线之美，能在现代都市中延续传统智慧，让中华文明的根系在新时代焕发新生。

张卓明

2025 年 4 月

长沙拥有2000多年的建城史，是商周古邑、山水洲城。长沙曾被称为"临湘""潭州"等，这些都是它在漫长历史中的印记。在几千年的时光中，这片热土才俊辈出，"楚汉名城""屈贾之乡"成为它的代名词。

长沙

春秋战国楚国南部边镇： 春秋时期，长江以北的楚国向南扩张，兼并了长沙古邑。秦国统一六国以前，长沙古邑一直是楚国南部的后备粮仓和军事重镇。

潭州

宋地方治所： 北宋时长沙府依旧称潭州，治所在今长沙。南宋时期，北方的蒙古族迅速崛起，潭州是南宋与蒙古军对峙的军事要冲。这时期，潭州的文化事业繁荣，人才辈出，潭州也成为当时的学术思想重镇。

长沙

明清地方治所： 明洪武年间潭州又改称长沙府。明清时期，便利的水陆交通使长沙府的商业迅猛发展，长沙府手工制造业繁荣，粮食贸易发达，渐渐发展为全国四大米市之一。清代湖南单独设行省之后，长沙府成为省会，确立了区域性商业大都会的地位。

长沙变迁简史

西汉诸侯国都城： 秦灭楚后置长沙郡。汉代分封诸侯，以长沙郡建长沙国，吴芮、刘发等先后为王，长沙国都城在临湘。临湘不在西汉核心地带，但手工业较为发达，为西汉前期南部制衡南越国的重要力量。

唐朝州城： 潭州治所在今长沙。经过长时间发展，到安史之乱后，潭州已经成为地方性的政治、经济与文化中心。

五代马楚国都城： 五代时期，马殷在潭州建都，建立楚国，并将潭州改名为长沙府。此时，长沙府相比之前，又有了较大发展，是五代时期经济、农业发达的乱世乐土。

现代省会城市： 现代长沙为湖南省省会，是长江中游地区的中心城市。作为国家历史名城之一，长沙的文化娱乐产业十分发达，同时依然是中国重要的粮食生产基地。

东周—晋
长沙·临湘

长沙古邑位于今天湖南省东部偏北，属长江中游地区。过去这里曾是不受重视的蛮荒地带，然而凭借着得天独厚的地理条件，尤其是优渥的土地资源，长沙古邑逐渐成为重要的粮食生产基地。原来楚地的文化也和中原文化在这里融合。到西汉时，这里属长沙国的都城临湘，古城由此开始了历史的新篇章。

九章·怀沙（节选）

［战国］屈原

浩浩沅湘，分流汩兮。
修路幽蔽，道远忽兮……
曾伤爰哀，永叹喟兮。
世溷浊莫吾知，人心不可谓兮。

　　根据《史记》记载，这首诗是楚国诗人屈原在长沙一带留下的绝笔之作。战国晚期，屈原长期流浪于沅湘流域，得知国都被秦国攻陷，深感绝望的诗人面对着浩荡的沅水和湘水，只感到国家前途阴晦，渺渺茫茫，无限凄凉。

最初的长沙城

三苗人、扬越人等是长沙地区早期的居民。春秋时期,楚国越过长江天险,向南渗透,顺着洞庭湖来到长沙,给这个地区带来了新的机遇。

开始纳入楚国版图

楚国最初封地狭小偏远,由于北方强国多,常年征战不休,楚王就将视野转向了南方。到春秋晚期,楚国已经占领了几乎今湖南的全境,同时,他们还带来了中原先进的冶炼工艺和种植技术。

湘江:今湖南省最大的河流,由南向北将长沙分为江东、江西两部分。

当地居民向楚国进贡特产——鳖。

历史小百科

"长沙"一名最早出现在先秦一篇叫作《逸周书·王会解》的古文中,里面记录了周朝的诸侯们去朝贡的场景,"长沙鳖"就位列众多珍奇贡品之中,这是历史上最早关于"长沙"的记载。

在江边建个小城

楚国逐渐强盛,成为"战国七雄"之一。长沙处于楚国新征服区的前沿地带,为了进一步扩大领地,楚国决定把长沙打造为军事据点,以此继续向南方征讨。于是,楚王命人在湘江东岸建一座小城,并派遣高级军官长期守卫。从此,这座简陋的军事小城就成了长沙最早的城市雏形,之后也成为2000多年中长沙城的中心。

蚁鼻钱:战国时期楚国的通用货币。

历史小趣闻

关于"长沙"名字的由来有很多种说法,比较有名的是星宿说。古人认为天上的星星与地上的区域相对应。二十八星宿中轸宿的一颗附星叫作"长沙星",主长寿。长沙星在地上对应的就是长沙。因此,长沙也有"星沙""星城"的别称。

粮食基地的诞生

长沙的地位越来越重要。它既可以成为楚国抵抗秦国进攻的后盾，又能作为征讨越国和南下夺取战略资源的基地，为此，历代楚王都比较重视长沙的建设，长沙得以飞速发展。

长沙好米多

长沙北接洞庭平原，气候湿润，适宜水稻生长，在铁质农具得到大力推广后，稻米产量越来越高。楚国攻打越国，南下进攻岭南时，都要依靠长沙运送粮食，长沙成了楚国重要的粮食基地。

历史小百科

《史记·越王勾践世家》中说"长沙，楚之粟也"，汉魏时曹丕曾写过"江表惟长沙名有好米"。用稻米制作甜食是今长沙一大特色，比如糖油粑粑、发糕等。在现代，袁隆平院士在长沙创立湖南杂交水稻研究中心，研究成果造福全世界。

成为流亡贵族的庇护所

长年征战消耗了楚国的国力,加之当时的楚王不思进取,荒淫无度,国力逐渐衰弱。邻国秦国强势崛起后,一举占领了楚国都城。楚王被逼无奈,只能迁都北上。后来楚国又从秦手中夺回长沙等地,长沙此后成为大批楚国贵族、重臣流亡之地。

粔籹:以蜜和米面做成,用油煎熟,类似馓子

历史小百科

楚国末期,屈原流浪到长沙一带。受沅湘一带民歌的影响,写下《天问》《离骚》等一系列诗篇。据说,公元前278年农历五月初五,深感绝望的屈原投入汨罗江,百姓为了不让屈原的尸体被鱼虾咬坏,制作了龙头放在船上威慑水中的动物,还往江中撒米喂鱼虾。就这样,悼念屈原的活动渐渐变成了端午节的习俗。

升级成了诸侯国都城

长沙的地位在楚国灭亡之后并没有太大变化。直到汉高祖刘邦统一天下，为了奖励跟随自己的老部下，他将吴芮封为长沙王，长沙国的都城设在临湘（今长沙），于是长沙第一次成了王国都城。

保境安民的长沙王

吴芮成为长沙王以后，一边对付南越国，一边发展本国的经济。他开始兴修水利，大力种植水稻，因为这里江河密布，适合行船，所以造船业发达，后来渐渐成了著名的造船工业中心。

云鸟纹漆钫：盛放酒类等的漆器。

仆人端着甜瓜、枣子、汤羹等食物等候主人进食。

漆屏风：具有观赏性的陈设，能挡风或阻挡视线，上面的纹饰是当时流行的卷云纹。

马王堆汉墓的主人

为了加强对边远诸侯国的控制,汉中央给各个诸侯国委派丞相。丞相不仅统率诸侯国的文武官员,还掌握着王国的军队。利苍作为天子的亲信被派遣到长沙国担任丞相,逐渐掌握了长沙国的实权。

历史小百科

利苍和辛追是马王堆汉墓的主人。秦汉时期,长沙地区的丝织业技术十分先进,马王堆出土的两件素纱襌衣,仅仅只有48克和49克重,薄如蝉翼,轻若烟雾,代表了西汉前期养蚕、缫丝、织造工艺的最高水平。

辛追:利苍的妻子。

利苍:西汉长沙国丞相。

利苍在与官员下六博棋,六博棋被认为是象棋的鼻祖。

和谐安宁的边远都城

吴氏家族统治长沙国45年，因为最后一任长沙王没有子嗣，吴氏长沙国自然也就消亡了。这之后，长沙国又被汉景帝分封给了儿子刘发，从此进入了"刘氏长沙国"时期。由于汉朝初年实行休养生息的政策，鼓励百姓开荒种地，长沙国也有了很大的发展。

橘子飘香的地方

长沙国地处南方，与国都长安相距甚远，地广人稀。百姓在这儿开荒拓野，遍植果树，一时之间粮食满仓，橘子飘香，这里成为一个物资丰饶的宝地。

历史小趣闻

长沙国种植橘的历史最早可以追溯到先秦时期。屈原就曾经写过一篇《橘颂》赞美湖湘之橘。《水经注》中也提到长沙湘江的橘洲。橘洲即橘子洲，以盛产佳橘而得名。直到今天，橘子洲仍旧种满橘子树。

用米"换"得定王台

刘发在长沙国日夜思念远在长安的母亲,竟然命人每年运长沙国的好米去长安孝敬母亲,再运回长安的泥土,用这些土修建了一座高台。他常常在高台之上登高远眺,遥望长安。刘发死后谥号为"定",也称定王,所以后人称这个高台为定王台。

定王刘发:汉武帝刘彻的兄弟。

定王台:又叫"思母台",汉代以后台废,旧址尚存。

西晋末年,数万流民从北方和川蜀入湘,在这里开荒拓野,流民的迁入改变了长沙的人口结构,带来了丰富的劳动力和先进的文化,长沙地区耕地不断扩大,粮食满仓。

唐宋
潭州

唐宋时，长沙属潭州。外来人口的不断南迁推动了潭州的飞速扩张。这里商业繁荣，逐渐成为地区性的商业中心。而岳麓书院的建立，更是让潭州闻名天下，拥有了越来越重要的地位。

江南逢李龟年

［唐］杜甫

岐王宅里寻常见,崔九堂前几度闻。
正是江南好风景,落花时节又逢君。

安史之乱后,杜甫漂泊到今湖南一带,在晚春花落时节与流落的宫廷歌唱家李龟年重逢,回忆起曾经在长安相见的情景,感慨万千,写下此诗。从杜甫的诗中我们可以发现,在唐代,"江南"还包括湖南一带。

日趋繁荣的城市

今天的长沙在隋唐时期属于潭州,是潭州的重要地区。这一时期,此地造船业兴盛,交通便利,物资充足,成为重要的物资中转中心,沿江一带店铺林立,城市开始繁荣起来。

文脉绵延的诗意潭州

作为地区性的交通中心,潭州设有长沙驿,方便官员往来休息。孟浩然、李白、杜甫、韩愈、柳宗元等许多官宦文人游历或被贬谪时都到过此处,目见湘江,忍不住怀古抒情,留下了无数宝贵的历史诗篇。

怀素:唐代书法家,以"狂草"闻名,有人说他是湖南永州人,也有人说他是长沙人。

铜官渚:铜官镇船只停泊休整和装卸货物的渡口。

精美的瓷器在渡口装船,除了国内,它们还销往倭国(今日本)以及波斯(今伊朗)等多个国家。

历史小趣闻

杜甫曾经三次寄居长沙,有时因为生活困顿无所依傍,他只能以船为家,四处漂泊,偶尔住在离长沙驿不远的一座叫"江阁"的简陋楼房里。为了纪念杜甫,21世纪初长沙修建了一座杜甫江阁,它成了现在长沙的地标性建筑之一。

商业有了新发展

唐代之后是五代十国时期，这时北方政权不停更替，南方和今山西地区则先后出现多个小国，合称"十国"。地方军阀马殷建立马楚国，建都长沙，将潭州改名为长沙府。马殷利用长沙府的地理优势，大力发展商业，让马楚国成为五代十国中最富饶的国家之一。

"茶叶之路"的兴起

马殷建国以后，为了充实国库，他采取"听民摘山"的政策，让老百姓自己采摘茶叶，自己售卖，政府收取茶叶税。同时，他还在今湖南北上的交通线上设置商业货栈"回图务"，收购茶叶去北方售卖，长沙府成了南方地区最大的茶市。

回图务：当时的商业货栈，收购茶叶，再在北方换回马匹和丝织品。

茶农正在贩卖茶叶给北方商人。

不断扩建的长沙城

随着国力的充实,马殷及其子孙在长沙城内外大兴土木,在城南建碧湘宫,在城北建开福寺和避暑园林,长沙城的城市面貌焕然一新。这些宫苑等的名称有的也成了现在长沙的街道名。

碧湘宫:位于长沙城南,这里现在成了南门口菜市场。

马楚国时期会用棉纺织品制作宫廷地毯。

历史小趣闻

马楚政权虽然只坚持了45年,却给长沙城带来了很大的影响,现在,长沙仍能找到很多马楚国留下的印记。比如"马王堆汉墓"的命名,一说就是因为误把它当成了某位马楚国王的墓地;长沙的洲岛兴马洲,传说是马殷放养御马之地。

湖湘文化强势崛起

到了宋代，长沙府还是称潭州。这时统治者重视文化教育，生活在潭州的学者们集各家之长，让潭州成了宋代具有重要文化影响的地区。

名震天下的岳麓书院

976年，潭州太守朱洞看中了岳麓山清幽的环境，创办了岳麓书院。由于独特的培养人才的理念和方法，书院创办不久即声名鹊起，成了天下四大书院之一。

历史小百科

1167年秋，南宋著名理学家朱熹从今福建前往岳麓书院拜访张栻，与张栻一起开始了长达两个多月的讲学。其间，他们围绕着许多话题进行辩论，开启了不同学派在岳麓书院自由讲学之风。这段理学的巅峰对话被后世称为"朱张会讲"。

张栻：曾主教岳麓书院，是南宋著名理学家。

朱熹：南宋理学大家，曾在岳麓书院讲学。

讲究实用的学派

在学术繁荣的时代，岳麓书院并不一味讲求书本知识，而是主张学者们了解生活，了解时事，包括军事、农业等学问，甚至提倡学者们锄地种菜，形成了独特的"湖湘学派"。

御书楼：用来藏书的地方。

讲堂：进行教学的地方，相当于现在的教室。

烽火下的铁血之城

在和平时代，潭州的文化蓬勃发展；在南宋王朝与金政权和蒙古政权矛盾激烈之时，潭州则作为战略要冲，留下了很多英雄故事。

豪放激荡的书剑之气

1179年，辛弃疾任潭州知州。当时北方战争四起，南方则频发小规模农民起义。为了抗金，辛弃疾在潭州创立了一支军队，名为"飞虎军"。飞虎军以一当十，十分勇猛，是当时最精锐的地方部队。辛弃疾上马能杀贼、下笔能成诗的书剑之气也深深影响着湖湘百姓。

辛弃疾：南宋官员，也是豪放派代表性词人。

历史小趣闻

据说创立飞虎军时潭州阴雨绵绵，军营所需的砖瓦无法烧制。于是，辛弃疾号召潭州百姓每户献瓦20片，并赏献瓦者100文钱。潭州居民纷纷响应，在两天内将20万片瓦凑齐。今长沙营盘街，正是辛弃疾当年的练兵之地。

潭州兵器短缺，士兵捡废箭打磨再用。

尹谷：曾在岳麓书院讲学的老师。

岳麓书院的学生也参与到战争中来。

悲壮的潭州保卫战

1275年,元军一路南下攻打南宋,打到潭州时,知州李芾和曾在岳麓书院讲学的尹谷领着潭州军民,在没有援军的情况下抵抗元军长达3月。战乱之时,岳麓书院的学生仍然不忘学习,边读书边抗敌。城破前夕,尹谷自焚,而后李芾也殉国。

李芾:1275年任潭州知州,守城主将。

历史小百科

元军围城时,潭州物资、军力都紧缺,存盐吃完了,就取盛盐的盐席烧成灰来熬制盐。

明清 长沙

明清时，潭州改为长沙府，府治在今长沙。长沙位于湘江下游，连贯四方，一直是重要的交通枢纽。政府重视水运交通，对湘江进行了疏浚，便利的交通让长沙成了地方性的商业大都会。

长沙竹枝歌十首（其五）

［明代］李东阳

江头彩旗耀日明，船上挝鼓不停声。
湖南乐事君记取，五月五日潭州城。

李东阳是明代著名文学家，湖南茶陵人，是明代茶陵派的核心人物。他写了《长沙竹枝歌十首》，描写长沙民俗，上面这四句诗展现了五月初五端午节时，潭州（也就是长沙府）江上锣鼓喧天、龙舟竞渡的欢腾场面。

成为藩王的封国

朱元璋建立明朝以后,为了监控地方,他将自己的儿子们封为藩王,在全国各地建立藩国,拱卫皇室。于是,长沙府再度成为热门地区,明朝先后有 10 任长沙王在此就任。

城中之城

1478 年,吉王朱见浚在长沙府就藩,他仿照北京明故宫形式,侵占大片土地,花费数年时间打造出宏伟的吉王府,百姓苦不堪言。吉王府内遍布亭台楼阁,同时戒备森严,不允许任何人随便进入。"一座吉王府,半个长沙城",吉王府成了城中之城。

端礼门:王府正门。

历史小百科

长沙市如今很多地名都与明代吉王府有渊源,例如八角亭、走马楼等。明代吉王府以南门为正门,门外建有保卫王府的仪卫司。如今这里叫作"司门口",是长沙最繁华的地带之一。

奢侈的藩王

修建吉王府时，栏杆都是用白玉和琉璃制成的，耗资巨大。除了修建宫殿，吉王还命人建造豪华的大小花园，又在府内堆石成山，取名紫金山。吉王府庞大的开销让老百姓的赋税越来越重，百姓怨声载道。

承运殿：吉王处理政务的主要场所。

体仁门：王府东门。

历史小百科

明末，张献忠率大西军攻克长沙府城。第七代吉王仓皇南逃，大西军将王府洗劫一空后放火焚烧了王府，占据约半个长沙城的吉王府由此化为灰烬。

富饶的鱼米之乡

明初时期长沙府城人口锐减,周边有些镇甚至只剩几十户人家,为此,统治者实行休养生息的政策,之后又迁来大量百姓,长沙府逐渐繁荣起来。到清代,甚至要从长沙府调粮给江浙地区,长沙府已经成了当时最重要的粮食产区之一。

长沙府移民人口多

明初官府颁布了移民政策,凡是移民长沙府的,只需要在荒芜的土地上插上标记,就能占有它,就地安家。邻近的江西迁来了大量人口,农村大量田地被耕种,长沙府得到了飞速的发展。

移民正在登记人口和土地信息。

历史小趣闻

据说在"江西填湖广"时,为了避免长途跋涉的辛苦,江西南部之人大都移向湖南南部,江西北部之人大都移至湖南北部。后来,湖南人认为与江西人祖上多是表亲关系,因此就称江西人为"江西老表"。这是"江西老表"由来的一种民间说法。

湖广熟，天下足

人口和耕地的剧增，使长沙府的农业得到很大的发展，成为全国重要的粮食基地。每年秋收以后，各地富商便带着重金来到长沙府沿江区域收买米谷，岸边粮食堆积如山，江上更是米船千艘，往来如织。

历史小百科

"苏常熟，天下足"的说法出现在宋朝，意思是只要苏州、常州等地的粮食丰收，全国都不愁吃穿。而到明代中期，朝廷在湖广地区开垦荒地，大力发展农业，这个说法后来就变成了"湖广熟，天下足"。

靖港：位于湘江边，当时运货通商的港口之一。

浏阳苎布：产自长沙府浏阳，以细薄透气、易干耐用闻名，也叫夏布。

充满烟火气的城市

自元朝起,今湖南和湖北两省基本就作为一个整体而存在。元朝时,今湖北的部分、湖南全省都归属"湖广行省"。清朝康熙年间,湖南正式成为省级行政区。长沙府城作为湖南的省城,地位也有了很大提升,一跃成为华中地区的商业大都会。

商贸汇集的坡子街

清朝时,长沙府的地方官员主持疏浚了湘江河道,大大方便了商旅的来往。湘江沿岸,商铺林立,南北物资在这里集散,人来人往,川流不息。坡子街靠近货运码头,这里整日人声鼎沸,成了几百年中长沙最为繁华的街道之一。

湘绣:中国四大名绣之一,以色彩鲜艳、形态生动著称

臭豆腐:长沙特色小吃,也叫臭干子

把米从码头运往米市。

火宫殿前的热闹庙会

楚人信仰的许多神灵已经淡出历史,但火神祝融的传说依然长盛不衰,每到火神生日,长沙的火宫殿便人头攒动,商贾百姓争相前来敬拜,表达对火神的敬畏与感激。火宫殿香火鼎盛,在祭祀的同时还会举行盛大的庙会,因此,周边逐步发展为长沙民众喜爱的活动场所。

历史小趣闻

火宫殿供奉的火神是祝融,相传祝融是楚国国君的祖先,也是上古时期掌管火的官员。制作花炮的人尊他为祖师爷。每年春节和火神诞辰日(农历六月二十三),人们都要举办盛大的庆祝仪式。

捞刀河剪刀:以锋利坚韧、经久耐用闻名。

乾元官:现在叫火宫殿,是祭祀火神的庙宇。

近代 长沙

如果说长沙在此前一直属于地方政治、经济等的中心的话，那么在近代，长沙开始发生翻天覆地的变化，它凭借着极强的进取精神，一步一步转变成革命摇篮，成了中国近代史上不可忽视的存在。

沁园春·长沙

毛泽东

独立寒秋，湘江北去，橘子洲头。

看万山红遍，层林尽染；漫江碧透，百舸争流。

鹰击长空，鱼翔浅底，万类霜天竞自由。

怅寥廓，问苍茫大地，谁主沉浮？

携来百侣曾游，忆往昔峥嵘岁月稠。

恰同学少年，风华正茂；书生意气，挥斥方遒。

指点江山，激扬文字，粪土当年万户侯。

曾记否，到中流击水，浪遏飞舟？

《沁园春·长沙》是毛泽东的词作，写于1925年秋，是一篇重游故地，怀念少年往昔，寄托革命斗志的壮美词作。这首词引经据典，描绘了寒秋时节的湘江景色，虽写秋，但并无凄楚之感，独有一种飒爽豪迈之气，成为歌咏长沙的经典辞章。

进击的湖湘人士

自从湖南成为独立省级行政区后,地位逐渐提升,加之湖南籍官员在朝廷中占据了重要地位,因此,湖湘势力逐渐崛起,长沙府城成为影响全国的重要城市。

风雨飘摇的晚清王朝

清朝末年,统治者昏聩腐败,引发了全国规模的农民起义——太平天国运动。这一时期,清朝的正规军八旗和绿营已腐化透顶,丧失了战斗力,清王朝岌岌可危。

英勇彪悍的湘军

1853年，以曾国藩、左宗棠为首的湖湘官员集结当地湘勇，开始编练湘军。他们秉承湖湘学派"经世致用"的理念，以理学文化精神统帅湘军，不仅纪律严明，而且训练严格，注重思想教育，使湘军成为一支具有独特气质的彪悍军队。

曾国藩： 晚清重臣，湘军筹建者，湘军重要首领之一。

左宗棠： 晚清重臣，湘军重要首领之一。

当时湘勇的军饷主要从中小地主、商人、农民等群体获得。

历史小百科

"经世致用"的思想使得湘军擅于引进西方技术。湘军装备有一定数量的热武器，湘军的军器多由湖南办运。长沙火药局就是当时重要的军火制造厂，它仿制的洋炮洋枪大大提高了湘军的战斗力。

大步开启近代化历程

然而，以曾国藩为首的湘军并不能挽救衰败的清朝。时代风云激荡之际，长沙毅然决然冲破守旧思想的束缚，在变革中寻求生机。新的进程开始了。

维新运动的中心之一

作为维新派，陈宝箴等湖南官员及谭嗣同等有识之士，关注现实，讲求实用，他们关注到西方的先进思想和技术，想以此改造清朝。谭嗣同等人在长沙开启维新运动，协助陈宝箴办学堂、办报纸、修铁路等，长沙也成为极具朝气的新思想推广地之一。

陈宝箴： 1895年就任湖南巡抚，创办了一系列近代工矿企业。

西方文化进入长沙

受维新运动和长沙开埠的影响，部分年轻人开始穿着西装、皮鞋，长沙的街道上出现了许多新式商铺，电话、电灯、西医医院等西方新事物开始进入百姓的生活，长沙走在了全国的前列。

湘雅医学院：湘雅医学院起初是由美国基督教新教教会在长沙创办的大学。它的附属医院就是雅礼医院，后改名为湘雅医院。

历史小百科

在维新派积极改革时，长沙的守旧派与早期倡导洋务的士绅结成同盟，对维新派发起攻击，使得长沙维新运动早早转向失败，但它使湖南人受到了近代第一次思想解放的洗礼，并培养了一大批新式人才。

人才辈出的革命摇篮

维新运动虽然以失败告终，长沙的革命氛围却日益浓厚。20世纪初，许多长沙学子东渡日本留学，开启了新的革命浪潮，长沙涌现出一批为救国奔走呼号的爱国志士。

蔡锷： 中国民主革命家、军事家。曾组织护国军讨伐袁世凯，被称为"护国元勋"。

黄兴： 中国民主革命家，与孙中山等创立中国同盟会，曾任革命军总司令，对清军作战。

敢为人先的湖湘学生

黄兴曾留学日本，回国后，与刘揆一等在长沙创立了华兴会，以"驱除鞑虏，复兴中华"为宗旨，反抗清政府。到清朝灭亡前，湖南籍留日学生数量占全国留日学生的四分之一。

历史小百科

辛亥革命以后，袁世凯窃取革命成果，并于1915年复辟称帝。湖南名将蔡锷组织护国军出师讨袁，袁世凯被迫宣布取消帝制。

霹雳一声响

随着革命风潮席卷中国，更多有志青年纷纷投向革命。1914年，青年毛泽东来到湖南省第一师范学校读书，他的政治思想在这个时期开始形成。五四运动爆发后，他以长沙为中心开展革命运动。1927年，湘鄂赣粤等省农民在中国共产党的领导下发动起义。其中毛泽东领导的湘赣边界秋收起义的规模和影响最大，之后毛泽东率领工农革命军到达井冈山，创立了中国共产党领导的第一个农村革命根据地。

历史小百科

秋收起义最初的目标是夺取长沙，但由于反动军队力量强大，起义军遭受严重挫折。之后，毛泽东创建了井冈山革命根据地，转向农村进军，这是中国革命史上具有决定意义的新起点。

战火毁城的故园之殇

1931 年,抗日战争爆发。日军攻打长沙前夕,国民政府就做好了"长沙如失陷,务将全城焚毁"的焦土战略,长沙城最终被付之一炬,损失惨重。从 1939 到 1942 年,长沙经历了三次会战,长沙人民为抗日战争作出了巨大贡献。

文夕大火

1938 年 11 月,日军逼近长沙。国民政府惊慌失措,蒋介石密令火烧长沙。自 11 月 12 日晚纵火,到 14 日大火熄灭,烧死百姓 2 万余人,千年古城的遗迹几乎都毁于火海之中。

历史小百科

长沙的这场大火为什么叫"文夕大火"呢?按照中国电报韵目纪日法,当日的韵目是"文",大火又发生在夜里(即"夕"),所以称此次大火为"文夕大火"。

长沙会战

文夕大火不久后，日军开始进攻长沙。从 1939 年 9 月到 1942 年 1 月，中国军队和侵华日军在长沙一带展开了三次激烈的会战。每次会战，中国守军都能利用有利地形，诱敌深入，取得胜利。最后日军伤亡较重，只能被迫撤退。

1949 年 8 月 4 日，长沙和平解放。1950 年，长沙市建设局开始组织百姓重新建设家园。1951 年国庆前夕，沿江大道、自来水厂、轮渡等工程先后建成，这座湘江江畔的千年古城开始进入新的时代。

现代 长沙

岳麓山下，湘江江畔，曾被大火毁掉的城市已然涅槃重生。现在的长沙，不仅连续 17 年被评为"中国最具幸福感城市"，更有世界"媒体艺术之都"的美誉。这里文娱产业发达，美食诱人，夜市经济火热，烟火气息浓郁。

"我欲因之梦寥廓，芙蓉国里尽朝晖"，星城长沙正以充满青春活力的姿态，承古启新，奋楫向前！

43

橘子洲的历史

橘子洲又叫作"水陆洲",位于湘江之中,介于岳麓山与长沙老城区之间,被誉为"中国第一洲"。

1 早在一万年前,湘江之中激流回旋,开始有沙石堆积。相传到西晋生成了橘子洲。

2 唐朝时期,洲上土地肥沃,种植美橘,因此,橘子洲成了小有名气的旅游景点,杜甫、张九龄等人都曾经写诗吟咏。再后来,橘子洲成为潇湘八景中"江天暮雪"所在。

3 清朝时,由于泥沙堆积,原本零散的小洲几乎连在了一块儿。为了让江神保佑过往的船只顺利通航,雍正时期,洲尾的水陆寺被改成了江神庙。

4 1904年,长沙被辟为商埠,因为橘子洲位于湘江畔,地理位置极佳,所以约40%的土地被洋人占用。现在橘子洲尚存美孚洋行旧址等历史建筑。

5 1925年,青年毛泽东在湖南领导农民运动,寒秋时节重游橘子洲,写下了《沁园春·长沙》,由此,橘子洲声名大振。

现代橘子洲

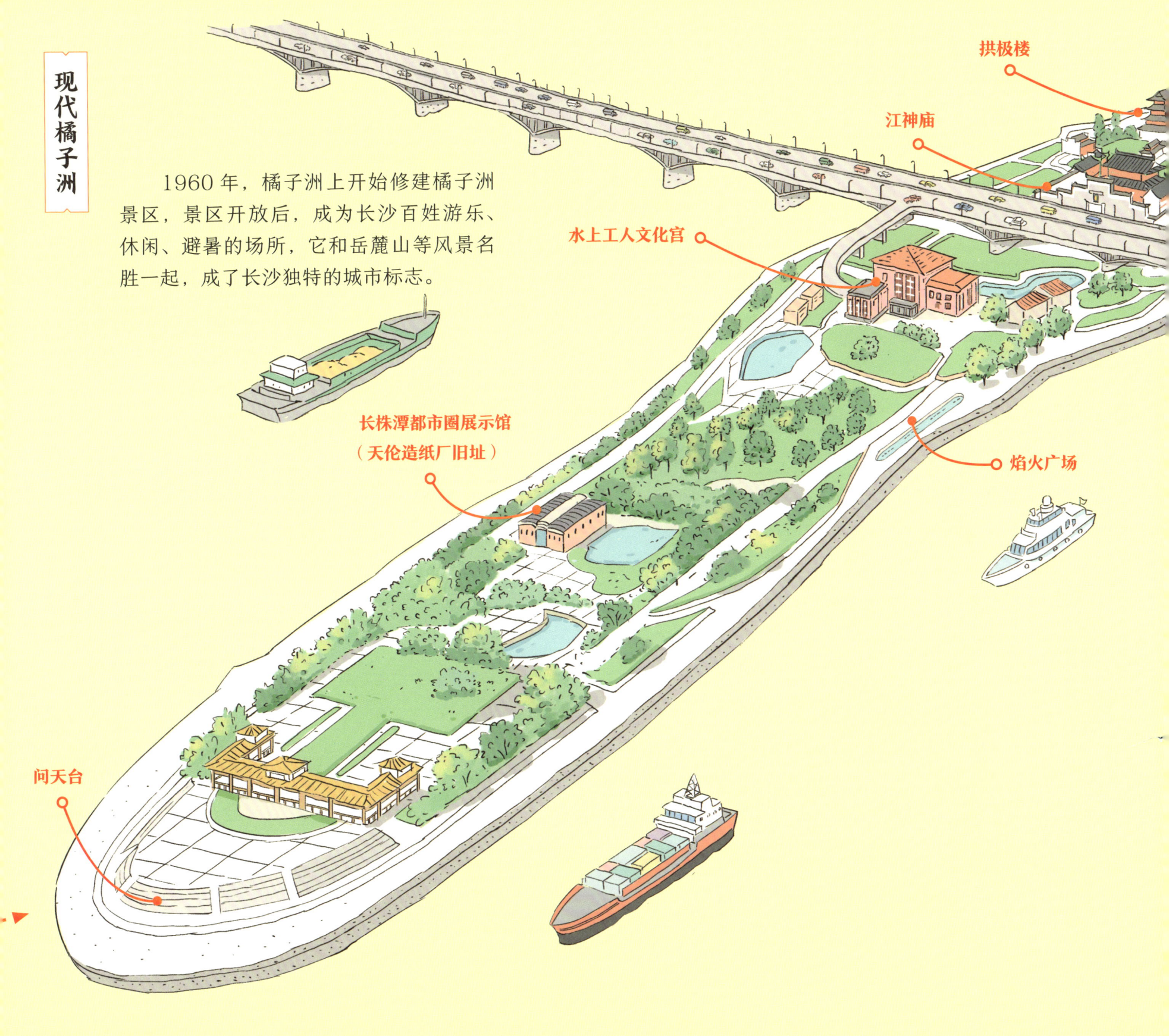

1960年,橘子洲上开始修建橘子洲景区,景区开放后,成为长沙百姓游乐、休闲、避暑的场所,它和岳麓山等风景名胜一起,成了长沙独特的城市标志。

- 拱极楼
- 江神庙
- 水上工人文化宫
- 长株潭都市圈展示馆(天伦造纸厂旧址)
- 焰火广场
- 问天台

游古诗里的长沙

爱晚亭

停车坐爱枫林晚，霜叶红于二月花。
——[唐]杜牧

爱晚亭原名红叶亭，始建于清代，位于岳麓山山腰，秋季可于亭中观赏枫叶，后来根据杜牧《山行》中的诗句"停车坐爱枫林晚"改名为爱晚亭，为长沙著名景点。

麓山寺

玉泉之南麓山殊，道林林壑争盘纡。
——[唐]杜甫

麓山寺位于岳麓山山腰，始建于西晋，是长沙最早的一座佛寺。麓山寺碑以其文章、书法以及刻工三者俱佳而被称为"三绝碑"。寺中观音阁门前有两棵罗汉松，两松枝干交缠，宛若关隘，由此得名"松关"。

云麓宫

林深霄气重，一枕对灯青。
——[清]廖元度

云麓宫是岳麓山顶的道宫，有人认为它建于明代，也有人认为明代只是重修。云麓宫经历过几次战毁重建，四周古木参天，景色宜人，登之可俯瞰橘子洲、湘江江景。

开福寺

最爱招提景，天然入画屏。
——［明］李冕

开福寺为长沙著名佛教圣地，始建于五代十国时期，有1000多年的历史，历经数代，名僧辈出，香火不绝。

天心阁

楼高已似踏天空，四面云山屏障同。
——［明］俞仪

天心阁是长沙古城的一座城楼，原名为"天星阁"，因在中国古代星象学中，此地对应天上的"长沙星"。这里曾是古人观测星象和祭祀的地方。天心阁旧址于文夕大火中被烧毁，1983年，政府重修了天心阁。

贾谊故居

三年谪宦此栖迟，万古惟留楚客悲。
——［唐］刘长卿

贾谊故居位于长沙市解放西路与太平街口交会处。西汉文学家贾谊曾为长沙王太傅，在长沙留下了数篇经典辞赋，后世文人路过长沙常来此祭奠贾谊。2000多年间，贾谊故居经历了数次重修。20世纪末，贾谊故居经重建后对外开放。

朱张渡

道岸先登涉，文津共溯游。
——［清］李家骏

朱张渡为湘江边的古渡口。渡口在湘江两岸各有一牌坊，东岸的上书"文津"，西岸的上书"道岸"。南宋时期，理学大师朱熹与湖湘学派的张栻曾在岳麓书院展开多日辩论，为学术界著名的"朱张会讲"。由于当时二人经常往返于湘江两岸，"朱张渡"由此得名。

创作团队

段张取艺文化工作室，成立于2011年，扎根童书领域多年，致力于用优秀的专业能力和丰富的想象力打造精品图书。已出版300余本儿童读物，主要作品有《逗逗镇的成语故事》《古代人的一天》《西游漫游记》《神仙的一天》《拼音真好玩》《文言文太容易啦》等图书，版权输出至多个国家和地区。其中《皇帝的一天》入选"中国小学生分级阅读书目"（2020年版），入围2020年深圳读书月"年度十大童书"。

出品人：段颖婷

创意策划：张卓明　段颖婷

项目统筹：王黎

文字编创：刘姝言　王黎

插图绘制：李勇志　李师斯　向俊宜

参考书目

《长沙通史·古代卷》，谭仲池主编，湖南教育出版社

《长沙通史·近代卷》，谭仲池主编，湖南教育出版社

《湖湘文化通史》，朱汉民总主编，岳麓书社

《长沙史话》，王习加主编，社会科学文献出版社

《马楚史研究》，罗庆康著，湖南人民出版社

《湖南教育简史》，冯象钦、刘欣森、孟湘砥主编，岳麓书社

《中心城市视角下的长沙历史文化》，王习加主编，湖南师范大学出版社

《长沙古城址考古发现与研究》，黄朴华主编，岳麓书社

《中国饮食史》，徐海荣主编，华夏出版社

《长沙府志》，[明]孙存、潘镒修，湖南师范大学出版社

《长沙重大考古发现》，长沙市文物局编，岳麓书社

《瞰见中国》，吕凤霄著，电子工业出版社

《旅之绘本》，安野光雅著，新星出版社

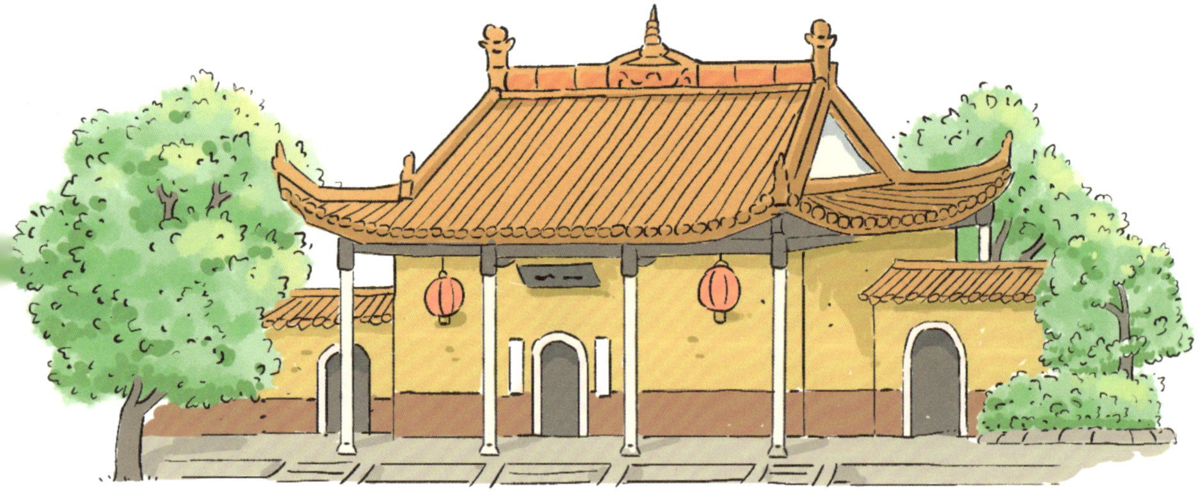